Aprendizaje de la PNL mediante el auto-coaching

Comprender, aprender y desarrollar la programación neurolingüística con poderosas técnicas de PNL (explicaciones sencillas a través de ejercicios y ejemplos)

por Raul Barrigo

ÍNDICE

1. Introducción 1

2. ¿Qué es la "PNL"? 4

3. El autocoaching y el viaje hacia tu interior . 8

   3.1 La importancia de la comunicación en la vida cotidiana.. 10

   3.2 El uso de la PNL y las posibilidades del autocoaching 12

4. Principios rectores de las consideraciones en torno a la PNL 15

5. El comienzo con pequeños cambios............. 25

6. La técnica del anclaje en la PNL.................. 35

7. El procedimiento para crear un anclaje nuevo 39

8. Anclajes avanzados: anclajes apilados y colapsados 45

9. La línea del tiempo: cómo el pasado y el futuro influyen en el presente........................ 49

10. El ejercicio de la línea de tiempo es muy difícil, ¿pero por qué? 62

   10.1 El presente, el pasado y el futuro tienen repercusiones 64

   10.2 Las voces en mi cabeza 65

11. Resolver eficazmente los miedos y las fobias: la cura rápida de la fobia 70

12. El círculo mágico: resuelve miedos y problemas 76

13. Reflejar y dirigir: adaptación a nuestros interlocutores 81

14. Manipulación: ¿deseable o no 88

15. Conclusión 91

1. Introducción

Sin comunicación, la sociedad es inconcebible, pero en ella existen muchos posibles enfoques erróneos. Entre las consecuencias de esta comunicación errónea se incluyen malentendidos, desavenencias y la falta de desarrollo. Desde hace unos años y en este contexto, ha aumentado la aparición de las tres letras «PNL». Sin embargo, la PNL no solo se asocia con la comunicación, sino también con la percepción selectiva en gran medida. ¿Qué es exactamente la PNL y cómo pueden beneficiarse de ella empresarios, vendedores, estudiantes y empleados? El secreto yace en las técnicas de la PNL y las posibilidades de la programación neurolingüística.

Naturalmente, existe la posibilidad de asistir a uno de los muchos seminarios sobre la PNL y desarrollarse. Pero muchas veces, este paso es innecesario cuando se refiere a un cambio, ya que la PNL es un instrumento útil en el autocoaching y adecuado para el desarrollo personal. A continuación, aprenderás en profundidad en qué consiste la PNL. También es posible realizar ejercicios y estructuras pertinentes según el sistema en el caso de grandes cambios. Como con cualquier enfoque para el desarrollo de la personalidad, es importante tener suficiente paciencia y constancia en los ejercicios. De esta manera, cambiará tu manera de entender la comunicación.

Las técnicas que se describen en este libro también te ayudarán a descubrir tus recursos personales. Fomentarlos constituye una parte esencial de los siguientes ejercicios. Para mejorar su incorporación en la vida cotidiana, encontrarás ejemplos prácticos que te mostrarán con exactitud cómo aplicar las técnicas realmente; después de todo, los éxitos solo se pueden esperar con la aplicación correcta y no solo mediante el empleo de las técnicas a medias. Con un poco de paciencia y voluntad a la hora de querer cambiar algo, puedes utilizar el autocoaching de la PNL para desarrollar tu personalidad y provocar un cambio positivo. Para una mejor comprensión, en este libro encontrarás no solo una sino varias técnicas conocidas de la PNL. De este modo, también te resultará fácil encontrar las técnicas correctas para optimizar los resultados de éxito.

En este libro aprenderás a:

- descubrir y desbloquear tus recursos

- reconocer, usar y transformar tu percepción personal y selectiva

- desprenderte de sentimientos con ciertos desencadenantes o, más bien, anclajes

- eliminar bloqueos

- comprender los sentimientos negativos en ciertas situaciones y dejarlos ir

- llegar a la raíz de tus actitudes y sentimientos

2. ¿Qué es la «PNL»?

La abreviatura PNL significa Programación Neurolingüística. En resumen, se trata de una interesante colección de técnicas de comunicación. Además, la PNL contiene métodos que pueden cambiar los procesos mentales de las personas. Estos métodos, o más bien técnicas, tienen su origen en distintas formas de terapia para enfermos mentales, que deben cambiar en profundidad. Las formas de terapia utilizadas incluyen la terapia Gestalt, la hipnoterapia y las técnicas cognitivas. Solo una de las muchas técnicas de la PNL consiste en imágenes lingüísticas o en la línea de tiempo. Conocerás mejor estas técnicas más adelante y, después, podrás utilizarlas para ti mismo.

Para entender correctamente la PNL y su potencial, tiene sentido separar el término, ya que así las técnicas venideras serán más comprensibles. La PNL contiene los términos neuro, lingüística y programación. Pero, ¿cómo debemos entender estos términos en realidad? **Neuro** es una abreviatura común de neurología. La neurología es la ciencia del sistema nervioso. Con nuestros nervios o, más bien, órganos sensoriales también absorbemos información de nuestro entorno. El sistema nervioso es, por lo tanto, el responsable de nuestra percepción exacta. La forma precisa en que pensamos, sentimos y actuamos depende de la percepción y el procesamiento de la información por parte del sistema nervioso. Sin embargo, esto implica además que la percepción es un asunto subjetivo, puesto que el sistema nervioso de cada persona es diferente como también lo es su percepción de lo mismo. Esta es la razón que lleva a suponer que la percepción también se puede controlar.

Otro término importante en la PNL es la **lingüística**. En general, la lingüística se refiere al lenguaje utilizado para la comunicación con otras personas. Así pues, la lingüística es la enseñanza de la lengua. Definitivamente, no hay una sola manera de acercarse a la lengua y hay muchos medios lingüísticos que conducen a diferentes objetivos. Seguro que conoces a buenos vendedores y a aquellos que quizás no pueden convencer por la elección de su idioma. Lo mismo se aplica a profesores, gerentes y a cualquier otra persona. Los medios lingüísticos son múltiples y es obvio que tiene sentido ocuparse de ellos para tener más éxito en la vida. Pero la lingüística no solo significa comunicación lingüística con las personas del entorno. Más bien, la lingüística también se refiere a la comunicación interna con uno mismo. Podemos utilizar un lenguaje metafórico dentro de nosotros y la comunicación verbal interna tiene una gran influencia en el exterior.

Pensemos por ejemplo en la frase «Soy guapo» o «El año que viene me tumbaré en la playa con el vientre plano en traje de baño». De esta manera, nos influenciamos a nosotros mismos y nos hacemos una imagen interna. Estas afirmaciones e imágenes crean una impresión positiva o negativa. Quien piense «Soy feo» se sentirá feo, y muchas otras personas tendrán la misma impresión debido a un carisma poco atractivo. Con estas palabras, uno puede crear y dar forma a su propia realidad interior. Por lo tanto, la lingüística representa un punto de partida importante para el cambio tanto en la comunicación externa como en la interna.

Por último, pero no por ello menos importante, la programación neurolingüística también se conoce como **programación**, que no solo se utiliza en el contexto de dispositivos electrónicos. Más bien, el propio subconsciente al igual que las conductas puede programarse. En este sentido, la programación significa un cambio permanente y sistemático. Por lo tanto, la PNL tiene como objetivo lograr cambios específicos y duraderos en la comunicación y en la percepción. Esto te permite evitar comportamientos no deseados, abordar problemas concretos, así como lograr una mejor comunicación. Se trata de algo beneficioso para muchas parcelas de la vida y que no solo supone una ventaja para los vendedores. Además, la combinación de la PNL con el auto-coaching representa un enfoque muy interesante. De esta manera, aprenderás las técnicas apropiadas y, por último pero no menos importante, emprenderás un viaje hacia tu ser interior.

Todo el sistema fue desarrollado en los años 70 en Estados Unidos. Entonces, **John Grinder** y **Richard Bandler** se preguntaban qué hacía que los terapeutas exitosos fueran diferentes a los demás. Por así decirlo, estaban buscando las técnicas y los procedimientos especiales con los que habría más posibilidades de lograr el éxito en las terapias. Los ensayos, la observación y la implementación sistemática llevaron a la PNL original. Estas suposiciones originales se han ampliado enormemente en las últimas décadas, de modo que hoy en día se trata más bien de una colección de métodos. La percepción subjetiva de las personas siempre constituye la base y el punto de partida de la PNL. Además, la imaginación visual e interna de los ejercicios es de gran importancia e indispensable para su implementación.

3. El autocoaching y el viaje hacia tu interior

En los últimos años, se habla cada vez más del autocoaching. Al igual que la meditación o el yoga, se trata de uno de los métodos que puede producir cambios en la personalidad. Más paz, tranquilidad y fuerza interior son las consecuencias de una aplicación correcta. El autocoaching , con las técnicas adecuadas, representa un viaje hacia uno mismo. Además, con las técnicas precisas es posible reprogramar determinados comportamientos practicados a largo plazo. Con un coach, puedes conseguir muy buenos resultados con la cooperación apropiada. Pero la cuestión es más bien qué pasa si no encuentras a un entrenador adecuado a tus necesidades. Se trata en realidad de lo que puede y suele suceder.

Por lo tanto, la opción del autocoaching se está haciendo cada vez más popular por posibilitar igualmente cambios interesantes. El autocoaching consiste en reflexionar sobre ti mismo y sin la ayuda de un coach externo. Esta autorreflexión se realiza con la ayuda de ciertas técnicas claramente definidas. Cabe señalar que a veces el autocoaching es objeto de críticas en las que se enjuicia que siempre es necesario un coach para el desarrollo del coaching. Según los críticos, no es posible desarrollarse más sin impulsos externos que inciten a la reflexión y, más bien, no pasa nada porque solo se da vueltas una y otra vez sin progresar. Sin embargo, muchas personas logran el éxito con el autocoaching y progresos considerables a través de la autorreflexión y la consideración específica de sus propios patrones de comportamiento y problemas. Esto es exactamente lo que busca la PNL en el autocoaching, donde también puede mediar un coach. Pero intentar probar las técnicas por ti mismo y así provocar un cambio también es atrayente. Básicamente, el autocoaching tiene como objetivo lograr algo tanto en la vida privada como en la vida profesional con ciertas técnicas y ejercicios. Por consiguiente, es evidente que el desarrollo de la propia personalidad sin ayuda externa se sitúa en primer plano.

3.1 La importancia de la comunicación en la vida cotidiana

¿Pero por qué tiene sentido precisamente esforzarnos tanto para comunicarnos? Hay que destacar que nosotros, los seres humanos, siempre y en todas partes nos comunicamos con nuestro entorno. La comunicación siempre está presente ya sea de forma verbal o no. Justo porque la comunicación pertenece a nuestra vida y no es posible no comunicarse, representa un buen enfoque para el cambio. Y, en definitiva, la comunicación y la mejora de esta es de lo que trata la PNL. Nos comunicamos verbal y no verbalmente todo el tiempo con nuestro entorno y con nosotros mismos (¿te suela la vocecilla crítica en tu cabeza?) Se trata tanto de la comunicación al hablar con los amigos como del silencio al ver a un mendigo. No obstante, la comunicación tiene lugar en diferentes niveles.

El término comunicación proviene del latín y se deriva de la palabra «communicatio» y puede ser una comunicación oral, escrita o en silencio. Esta última opción tiene lugar a través de las expresiones faciales, los gestos y la postura corporal completa, así como mediante el tono de voz. A través de la comunicación, nos podemos bloquear en nuestra vida diaria, pero al mismo tiempo hasta conseguir mucho con la aplicación correcta. Se trata, por tanto, de optimizar y comprender la comunicación y también las reacciones a las propias afirmaciones. Influir en ellas es crucial para cualquier vendedor, con independencia de la industria o de la edad, ya que quien sabe cómo poder influir en sus interlocutores tiene la capacidad de cambiar sus reacciones. Pero tú también reaccionas: a las declaraciones, a las imágenes, a los olores o a las canciones, y la comunicación no es siempre la mejor formar de lograr el objetivo. La comunicación es, por tanto, una herramienta importante y un gran recurso que la mayoría de las personas aún no han explotado plenamente. La PNL se ocupa, por un lado, de esta comunicación y, por otro, de las técnicas para influir en la propia reacción, así como en la reacción de los demás.

3.2 El uso de la PNL y las posibilidades del autocoaching

La PNL consiste en cambiar determinados comportamientos y la comunicación en positivo. Como se trata de un método derivado de la terapia, la PNL también tiene principios que son esenciales para la comprensión. Los principios o paradigmas así como las directrices que se presentan en el libro forman parte de ella. La aplicación de las técnicas individuales se simplifica si te familiarizas con los principios fundamentales y reflexionas sobre ellos. Sobre todo es importante que la percepción interna de las personas, como se explicó anteriormente, esté relacionada con la recepción por los órganos sensoriales. Sin duda, lo interesante es también que cada ser humano tiene en realidad uno o dos órganos sensoriales preferidos en cuanto a la percepción. Emplear todos los sentidos por igual sería bastante difícil y enseguida resultaría abrumador. La distinción entre tipos visuales y no visuales no es, por lo tanto, una casualidad. Piensa rápido en los cinco sentidos y decide cuáles son especialmente importantes para ti. Seguro que tienes uno o dos que consideras más significativos que otros con respecto a tu percepción.

La percepción del hombre se basa en los **cinco sentidos**:

- ojos: percepción visual mediante los ojos que también se llama sentido de la vista;

- oídos: percepción auditiva con el sentido del oído;

- tacto: también conocido como cinestesia o sensación táctil, percepción a través de la piel con todas las partes del cuerpo;

- sentido del olfato: percepción olfativa a través de la nariz;

- sentido del gusto: percepción gustativa con el sentido del gusto, es decir, con la lengua y la mucosa faríngea.

Pero ahora cada ser humano usa sus sentidos de forma diferente y, por lo tanto, asimila su entorno a su manera. Esto lleva, por ejemplo, a que una canción sea capaz de evocar diferentes emociones dependiendo del carácter o de la experiencia. Esta comprensión es importante para los procedimientos posteriores y útil con respecto a los próximos ejercicios. En principio, la PNL no es un método único, sino un conjunto de técnicas, que precisamente la distingue de otras formas de terapia y, además, no es un método científico. Las diferentes escuelas y perspectivas hacen que un tratado completo sobre PNL sea muy difícil. Más bien, tiene más sentido seleccionar siempre aspectos individuales. Ahora bien, los siguientes 12 principios rectores son fundamentales y aparecen repetidamente en relación con la PNL. En cualquier caso, los ejercicios son posibles con estos principios en el autocoaching.

4. Principios rectores de las consideraciones en torno a la PNL

Existen algunos principios rectores importantes que determinan la PNL y que, por lo tanto, también deberían utilizarse en el contexto del autocoaching. Se ha comprobado que estas pautas te ayudan a trabajar paso a paso tus problemas y a desarrollarte más. Además, incluyen ejercicios y técnicas que puedes implementar. Conviene utilizar siempre solo aquellos métodos que sean adecuados para ti, puesto que no todos los principios te serán interesantes en este momento. A continuación, aprenderás algunos de estos fundamentos que también se pueden asimilar muy bien con los ejercicios. Es práctico conocer las pautas para la primera comprensión de la PNL y sus posibilidades. Sin ellas, puede resultar bastante difícil entender de qué trata la PNL. De ahí que los supuestos constituyan una base para el autocoaching, así como para la cooperación con un coach externo.

Los principios rectores conocidos son los siguientes:

1. El mapa no es el área

Más adelante, aprenderás más sobre los mapas personales que juegan un papel muy importante en la PNL. En resumen, un mapa representa cuestiones muy personales, determinadas por experiencias y vivencias pasadas. El mapa es una construcción interior y hace que las personas muestren algún tipo de reacción ante una situación. Por ejemplo, una mujer engañada por su pareja tiene un mapa diferente en una situación similar a la de otra mujer que nunca ha sufrido un engaño. Se trata casi de un tipo de realidad de las personas que no se corresponde con la verdadera realidad y que ayuda a actuar en situaciones individuales. Por otra parte, no existen mapas correctos o incorrectos, pero sí mapas útiles y no útiles en la PNL, por lo que se pueden cambiar y adaptar. El primer principio rector establece que este mapa interior no se corresponde con el área real, ya que es una percepción subjetiva.

2. Las personas siempre eligen la mejor opción para ellos

Este comportamiento se puede considerar egoísta o simplemente normal. El punto es que las personas siempre dan lo mejor de sí mismas y hacen la mejor elección de acuerdo con su historia, sus experiencias y su percepción. Desde el exterior, esta elección puede parecer negativa, pero desde una perspectiva humana es la mejor decisión. Se trata de un aspecto que no solo es útil en la PNL, sino también cuando hablamos de comunicación. Uno no está en la piel del otro y por eso no sabe exactamente por qué las acciones se desencadenan de una manera o qué historia hay detrás de dichas acciones.

3. Todo comportamiento tiene una intención positiva

El tercer principio rector se ajusta o se complementa al segundo principio. Las personas siempre hacen lo que es mejor para ellos y por una motivación positiva. Detrás de cada comportamiento final hay una intención positiva y no autodestructiva. Lo interesante de esta suposición es que se suele profundizar primero en la intención positiva. Un ejemplo que se utiliza a menudo es el de una persona con sobrepeso que, sin embargo, sigue comiendo. ¿Por qué sigue comiendo, aunque se sienta incómoda y debería y tendría que perder peso? El motivo podría ser una coraza protectora para defenderse del acercamiento de otras personas; o que el chocolate produce una sensación agradable y satisface por poco tiempo. Después de todo, la reducción solo satisfacería a largo plazo y exige esfuerzo y paciencia. Este ejemplo se puede aplicar a muchas situaciones. La intención detrás de cada acción es en realidad positiva, pero desde el punto de vista subjetivo de la persona y no necesariamente desde el punto de vista de la sociedad o de terceros ajenos.

4. Cuerpo, mente y alma son un solo sistema

La PNL entiende el cuerpo, la mente y el alma como un sistema interrelacionado. Y, por analogía, esto significa que el cuerpo también puede influir en el alma y la mente, y viceversa. Los pensamientos positivos de la mente son buenos para el alma e incluso afectan el cuerpo. Por ejemplo, una mejor postura corporal y una apariencia positiva y agradable podrían ser algunas de las consecuencias. Siempre es importante que tengas en cuenta este aspecto y que no trates de considerar el cuerpo, el alma y la mente por separado. Eso sencillamente no funciona. ¿Sueles estar enfermo por ejemplo? Entonces, tal vez deberías prestar atención a tu mente y alma. El estrés y los pensamientos negativos también atacan el sistema inmunológico y pueden llevar a resultados desagradables. En el marco del autocoaching también puedes trabajar estos puntos e influir positivamente en tu mente. El cuerpo, tarde o temprano, también mostrará cambios en una dirección positiva.

5. Ya tenemos todos los recursos que necesitamos

Los recursos en este punto significan experiencias, imágenes o conocimientos existentes. Con este principio rector, cabe señalar que la PNL supone que todo ser humano ya cuenta con todo lo necesario para resolver un problema. Los recursos ya están casi disponibles y, en realidad, solo necesitan activarse. Sin embargo, en muchos casos estos recursos no existen o no están disponibles, y no podemos acceder a ellos tan fácilmente. Por lo tanto, las técnicas sirven en la PNL para revelar exactamente estos recursos necesarios para la resolución de problemas. El objetivo es que después de los ejercicios puedas acceder a tus recursos existentes y resolver cualquier problema.

6. Si algo no funciona, se ha de probar otra cosa

La flexibilidad y una cierta apertura a las alternativas son de gran importancia para el éxito del desarrollo. Es obvio que esto se aplica a todas las técnicas y garantiza que no te ciñas rígidamente a una opción. Las técnicas explicadas e incorporadas más adelante en el libro requieren una mentalidad abierta a nuevos temas y puntos de vista. No es útil bloquearse y no probar nada más, sino que antes de poner en práctica las técnicas deberías pensar por qué lo haces. Se suelen utilizar porque el procedimiento anterior no condujo a los resultados deseados. Por esta razón, es importante intentar probar algo nuevo y no atenerse a un esquema conocido F. Y, por ello, la PNL resulta tan interesante: hay muchas técnicas con diferentes enfoques. Si una técnica no funciona del todo, puedes conseguir grandes resultados con otras.

7. No hay errores o deficiencias en una comunicación porque todo es retroalimentación

Este principio rector encaja con la siguiente frase sobre la importancia de la comunicación: en su contexto, no existe lo correcto ni lo incorrecto. El motivo es que siempre se precisa de una retroalimentación durante una comunicación, que muestra si la comunicación encaja o debería adaptarse. Partiendo de esa premisa, debes despedirte de la idea de que existe la comunicación incorrecta o deficiente. Es decir, la retroalimentación ya es importante porque solo ella constituye realmente una comunicación. Siempre hay retroalimentación, puesto que el silencio también es una forma de respuesta, aunque que a menudo se ignora.

8. La importancia de la comunicación es siempre la reacción posterior a ella

Este también representa principio rector importante, ya que trata de la importancia fundamental y la motivación que hay detrás de la comunicación. La PNL asume que la comunicación no se basa en la intención de la persona que escribe o habla, sino que más bien su trascendencia solo radica en la reacción a ella. Así que no se trata de lo que dice una persona, sino de cómo lo entiende la otra, y de cómo reacciona el entorno después. Por lo tanto, al comunicarte, debes tener siempre en cuenta que la reacción de la otra persona es fundamental y que no se trata tanto de lo que intentas decir, sino de que tu interlocutor entienda lo que dices. Piensa en el supuesto de los mapas interiores, que se construyen a base de diversas experiencias y vivencias. Ya solo por las diferentes percepciones, a veces es difícil comunicarse para que el contenido llegue realmente al otro.

9. La resistencia del cliente se debe a la falta de flexibilidad del asesor

Si algo no funciona, tienes que probar otra cosa. Esto no solo se aplica a la propia personalidad, sino también en la PNL del asesor, o del coach. Es muy importante seguir intentándolo hasta que se encuentre una solución adecuada porque hay otras técnicas y posibilidades que pueden llevar a un cambio. Solo es fundamental no rendirse y mostrar más flexibilidad. Todos los seres humanos pueden desarrollar su personalidad, pero algunos requieren más paciencia que otros.

10. Si alguien hace algo, este comportamiento puede imitarse y transmitirse

Lo que funciona en una persona funciona en otra, por lo tanto, un comportamiento puede duplicarse. Esto es por ejemplo ventajoso en una estrategia de ventas satisfactoria y no debe subestimarse. La PNL combina muchas técnicas variadas y se ha desarrollado a lo largo de los años. Este aspecto también es importante para el éxito, ya que las técnicas en realidad nunca funcionan para una sola persona. Por el contrario, es recomendable que una conducta o técnica exitosa se pueda analizar con precisión y luego copiarse. De esta manera, siempre se pueden añadir nuevos conocimientos a los ya existentes y complementarlos.

En este punto hay que considerar que muchas técnicas de PNL requieren un coach, un entrenador externo, porque los ejercicios por sí solos son poco o nada realizables. Pero existen muchos ejercicios que puedes hacer en el autocoaching y en los que nos centraremos. En un seminario con un coach de PNL, entran en juego muchas otras técnicas que no encajan aquí porque no son adecuadas para el autocoaching. Los principios guía individuales también se superponen y con el tiempo conocerás de qué tratan realmente términos como el de mapa interior. Porque, aunque la teoría de la PNL por sí sola ya es interesante, las técnicas solo son útiles en realidad en la práctica y conducen a los cambios.

5. El comienzo con pequeños cambios

Básicamente, tiene sentido empezar poco a poco e ir progresando. Esto se aplica a todas las técnicas dentro del ámbito de la PNL: no empieces directamente con el problema más grande, sino que vete progresando poco a poco. De especial interés en la PNL son las técnicas en torno al anclaje y las imágenes lingüísticas. Estas últimas suponen una excelente formar de provocar cambios y tomar conciencia de los propios comportamientos. Puede disipar los miedos y sentimientos negativos y generar sentimientos positivos específicos. Esto te proporcionará recursos a los que de otro modo no podrías acceder. En este punto, presentamos un ejercicio para que las técnicas individuales posteriores te resulten más fáciles. Para la PNL del autocoaching también necesitas una buena dosis de imaginación y, sobre todo, puedes practicar la imaginación visual para poder aplicar las siguientes técnicas con mayor facilidad.

Procedimiento para practicar la imaginación visual:

1. Imagina una fruta o una hortaliza, por ejemplo, una manzana o un pimiento.

2. Ahora debes hacerte algunas preguntas sobre la manzana (o el pimiento) imaginarios. Algunas opciones de preguntas son las siguientes:

   - ¿A qué distancia está la fruta y cómo de precisa es la imagen? ¿Es una imagen fija, hay movimiento?

   - ¿Ves más de un tipo de cuadro o una manzana o un pimiento realista en 3D?

   - ¿De qué color es la manzana o el pimiento? ¿Verde, rojo, amarillo?

   - ¿Qué tamaño tiene en tu imaginación?

3. Empieza a experimentar y a jugar con la imagen en tu mente. Deja que la fruta se haga más grande o más pequeña, aléjala o acércala mucho. Hay bastantes posibilidades de representación y de cambios. De esta manera, entrenas tu imaginación visual de manera muy efectiva.

Emplear las imágenes lingüísticas con sensatez

El primer principio rector de la PNL establece que el mapa no es la zona. Lo que suena extraño al principio es en realidad una suposición bastante simple, ya que según la PNL todo el mundo tiene mapas internos. Estos mapas se utilizan en ciertas situaciones y también nos protegen del exceso de estímulos. Podemos ver como ejemplo la siguiente situación: una amiga te cuenta cómo reaccionó ante un comentario determinado de su novio. No puedes entender su reacción del todo porque simplemente tienes una opinión diferente sobre el tema. Pongamos por caso que el tema es el de irse a vivir juntos y que tú opinas que, después de dos años, es demasiado pronto. Tu amiga no lo ve de esa manera porque desde muy temprano se le inculcó que se fuera a vivir con su novio cuanto antes y que seguidamente se casara.

Lo que al principio parece una situación clásica con opiniones diferentes es en realidad algo más. En este caso, tu amiga, al igual que tú, utiliza su mapa interno sobre el tema de las relaciones y de irse a vivir con su novio. Y su pareja hace exactamente lo mismo. Ahora los mapas se han convertido en casi guías internas a las que se puede acudir en ciertas situaciones. Cada uno ve el mundo con sus propios ojos y lo ha moldeado mediante muchos factores del pasado y del entorno. Pero ahora nos surge la pregunta de si este mapa siempre es correcto y si no se puede cambiar. Dado que cada persona ha creado este mapa basado en diferentes experiencias y suposiciones, el mapa también puede quedarse obsoleto o simplemente resultar inapropiado. Sobre la base de esta suposición de los mapas internos se puede empezar con la técnica de las imágenes lingüísticas, ya que los mapas existentes no son de ninguna manera inalterables, sino que se pueden adaptar. Para ello, solo hace falta la tecnología adecuada correcta, aunque, por supuesto, el conocimiento de los mapas también juega un papel importante.

Este ejercicio es adecuado para ti, si:

- siempre recurres a tu esquema interno F en determinadas situaciones;

- quieres entender por qué exactamente ves y entiendes una cosa en particular como es el caso;

- tus prejuicios o reacciones en ciertos momentos son muy típicos de ti;

- tienes la sensación de que reaccionas racionalmente a una situación u otra y que tus decisiones están muy influenciadas por tu mapa interno;

- deseas ahondar en el tema de la autopercepción y la percepción externa;

- tienes como objetivos la autorreflexión del tema y el cambio correspondiente;

- deseas modernizar tus mapas internos a largo plazo

El procedimiento de las imágenes lingüísticas:

1. Imagina primero una situación concreta que te preocupe. Es mejor empezar con un problema pequeño.

2. Si piensas en aspectos de tu vida y en el futuro, también puedes crear dos imágenes que coincidan con el tema. Este enfoque puede utilizarse, por ejemplo, en la situación profesional, antes de una mudanza o ante las preguntas de una colaboración.

3. Después de la idea o pregunta concreta, debes buscar una imagen adecuada que se conecte

con la situación. La mayoría de las veces una situación recuerda ciertas cosas y esto es exactamente lo que puedes utilizar ahora.

4. No suele aparecer solo una imagen en la representación, por lo que tiene sentido admitir las diferentes imágenes y seleccionar una opción adecuada de acuerdo a tu propia intuición. Por lo común, una imagen suele parecer más adecuada que otra.

5. Ahora has de trabajar de forma intensa esta imagen representada. Para ello, debes ser creativo y no solo escribirlo todo. Por ejemplo, puedes hacer un *collage* que coincida con la imagen de tu cabeza, comprar una postal acorde o hacer un dibujo. Deja espacio libre a tu creatividad porque solo así podrás visualizar la imagen correctamente y tomar conciencia de tus mapas internos.

6. Decora el dibujo debidamente, y solo en ese momento establece una conexión con tu pregunta inicial. A continuación, puedes preguntarse qué significa esta imagen y cómo puedes relacionarla con tu situación.

7. Concéntrate en los detalles individuales de tu

imagen. Justo estos pequeños elementos también tienen un significado y se suelen omitir.

El procedimiento utilizando un ejemplo práctico:
Vamos a llamar a nuestro ejemplo de persona Martin. Martin trabaja actualmente como director de marketing online en una mediana empresa de Colonia. Pero Martin no está satisfecho, se siente atrapado y preferiría desempeñar otro trabajo cuanto antes y dar la vuelta al mundo. Según esta situación inicial, es posible llevar a cabo el siguiente procedimiento:

1. En primer lugar, Martin se refiere a su situación laboral actual. ¿Qué es importante en este momento y qué está relacionado con el trabajo?

2. Dependiendo de la persona, las imágenes que aparecen son diferentes. En este caso, se manifiestan dos imágenes ante el ojo interno que se ajusta a la situación: una de un cuartel como el militar y la otra de un sistema de cuevas que deja entrar poca luz. La asociación con los militares es bastante obvia y se ajusta a la sensación de estar encerrado. Martin elige para el ejercicio la imagen del sistema de cuevas que se extiende por un paisaje.

3. Martin ahora se imagina el sistema de cuevas con más detalle y lo pinta en su mente. Preguntas importantes serían, por ejemplo: ¿dónde está el sistema de cuevas? ¿Qué hay en el exterior y cómo es exactamente el paisaje? ¿Qué hay en las cuevas y cómo es la luz allí? ¿Tal vez hay estalactitas, ciertos animales o plantas o dibujos en las paredes? ¿Hay un lago o un río en las cuevas? ¿Cómo es el camino, recto o accidentado? ¿Hay otras personas presentes y a qué distancia están? Es importante visualizar la imagen con la mayor precisión posible y con muchos detalles.

4. Ahora se trata del diseño posterior de la imagen y para ello son adecuados collages, postales y bocetos. Pueden aparecer comentarios y pensamientos sobre lugares, plantas y senderos singulares nombrados con precisión. Martin está completamente absorto en el diseño de la imagen con todos sus detalles. La pregunta inicial es irrelevante en este proceso, ya que la atención se centra solo en la imagen.

5. El ejercicio concluye con un análisis de la imagen porque esta imagen dice mucho sobre los

propios pensamientos y sentimientos. Cuando Martin notó dos cosas interesantes al contemplar la imagen: una es que hay mucha gente en la cueva, pero su propia figura está un poco aislada y apartada en el camino. El segundo hecho es que el camino serpentea durante mucho tiempo y no conduce a un objetivo realmente reconocible. Hay un río a lo largo del camino, pero no hay ningún punto o destino especial en la cueva. Por lo tanto, es interesante el traslado de la imagen a la pregunta inicial presentada.

6. Ahora Martin puede ir más allá y seguir pensando en dejar su trabajo y viajar por el mundo. Al mismo tiempo, aparece también una imagen que igualmente se debe pintar y diseñar con precisión. Esto hace que resulte más fácil ver exactamente lo que está asociado con los pensamientos y las situaciones.

Este ejemplo muestra que existe un mapa interno, ya que muchos otros realizan el mismo trabajo y sí están satisfechos con él. Por lo tanto, la insatisfacción no está necesariamente relacionada con el trabajo en sí, sino con la percepción y el mapa interior. La sensación de la situación, la sensación de estar encerrado y el deseo de salir de ahí están conectados con vivencias experimentadas. Otra persona reaccionaría de manera muy diferente. Sin embargo, los mapas internos no tienen por qué ser erróneos, sino que se trata más bien de una visión distinta de las cosas y de una percepción subjetiva. Para un cambio y para una mejor toma de conciencia, es muy importante que se reconozca este mapa. Las imágenes lingüísticas no solo ayudan a descubrir los propios recursos, sino también a mostrar dónde es necesario actuar. Sin embargo, los mapas existentes se pueden intercambiar si se descubre que están desactualizados o deshechos. Se necesita un poco de práctica para implementar la técnica de las imágenes lingüísticas o incluso de las mismas imágenes. Pero se puede obtener información valiosa de la tecnología y es posible lograr tales cambios.

6. La técnica del anclaje en la PNL

El anclaje es sin duda la técnica más importante en la PNL, además de la línea del tiempo que se explica más adelante. Las imágenes lingüísticas mencionadas anteriormente con los mapas interiores también son fundamentales, pero con el anclaje puedes vincular tus sentimientos a ciertas cosas o romper este vínculo. ¿Has oído hablar del perro de Pávlov? Este experimento no solo se puede escuchar en las salas de conferencias de los estudiantes de ciencias sociales y de psicología. Al perro pavloviano se le hace percibir ciertas sensaciones físicas después del sonido de una campana. La estimulación de la salivación por la expectativa de la comida es probablemente el resultado más importante. El perro de Pávlov muestra una reacción significativa que los humanos tenemos siempre: ¿cuando escuchas una canción, visualizas una situación en el ojo interno? ¿Puede que una canción alegre te haga recordar aquel verano loco o un viaje en el que siempre se tocaba esa canción? O la canción es un ancla de un sentimiento negativo, como el mal de amores o la pérdida de un ser querido. ¿Un determinado olor te traslada a otro lugar o a pensar en una situación vivida? ¿El colorido cuadro de la pared te hace evocar una sensación o el sabor de la canela en su comida te remonta al pasado?

Todo esto es bastante normal y se parece casi al perro pavloviano porque los sentimientos están conectados con estímulos externos. El olfato, el gusto, el oído, la vista o el tacto: el más fuerte en tu caso depende del modelo. Lo interesante de este punto es que puedes aprovechar esta forma de anclaje para tus sentimientos. No es de extrañar, pues, que esta técnica sea tan indispensable en la PNL y se utilice para el desarrollo de la personalidad. Las posibilidades de la técnica de anclaje son muy versátiles y existen anclajes simples y avanzados. Puedes adquirir muy bien muchos de estos aspectos en el autocoaching y así trabajar tus anclajes. Pero es especialmente práctico a la hora de crear nuevos anclajes si sabes con exactitud qué influencias te están afectando; por ejemplo, puede tratarse de una canción, un perfume, una especia o un cuadro. En realidad, cada persona es diferente y no se puede generalizar.

Puedes utilizar el anclaje por varias razones:

- romper los anclajes existentes de sentimientos negativos;

- o para producir nuevos anclajes de sentimientos positivos;

- para una gestión consciente de los anclajes y para evitar anclajes no deseados en el futuro;

- para el reconocimiento y control de anclajes existentes;

- para una mejor autorreflexión y comprensión de tus anclajes y sentimientos en ciertas situaciones.

El famoso experimento con el perro de Pávlov se realizó en 1905, pero aunque nunca hayas probado la PNL ni tratado con la sociología, seguro que tienes anclajes. Después de todo, un anclaje no es más que una reacción a un desencadenante en particular y los seres humanos, básicamente, asociamos estos desencadenantes con sentimientos. Mientras que una persona asocia sentimientos positivos con una canción, tal vez en otra evoca el recuerdo del peor problema relacionado con el amor de su vida. Por eso es tan importante conocer los propios anclajes y adquirir el conocimiento para eliminarlos o para crear nuevos, dependiendo de cuál sea exactamente el objetivo. La causa y el efecto no deseado aseguran que haya un anclaje. En realidad, se trata siempre de causa y consecuencia y de controlar esos efectos, o de reprogramarse, ya que por algo PNL significa programación neurolingüística.

7. El procedimiento para crear un anclaje nuevo

Puedes crear un anclaje nuevo en tan solo unos pasos. Lo único que puede ocurrir es que tengas que repetir cada uno de los pasos individuales más de una vez. Dependiendo del anclaje, suele ser más difícil eliminar uno existente que crear uno nuevo. Lo importante para poder realizar este ejercicio, como en todas las demás técnicas de la PNL, es buscar un lugar tranquilo en el que no te molesten. Tómate el tiempo que necesites para llevarlo a la práctica y no te sientas presionado por el tiempo. Al fin y al cabo, lo que queremos es obtener los mejores resultados.

1. Elige una sensación que te gustaría anclar y que podría ser cualquiera. Por supuesto, debería ser positiva porque ¿quién quiere crear anclajes negativos por voluntad propia?

2. ¿Cuándo sentiste la sensación deseada y qué ocurrió exactamente en la situación? Imagina el contexto con tu ojo interno con intensidad y piensa cómo y cuándo se produjo la sensación. ¿Estabas solo o había otras personas presentes? Si es así, ¿quién estaba allí? Cuanto más

puedas figurarte la sensación y la situación, mejor.

3. Refuerza la sensación con el recuerdo exacto y acuérdate de lo que sentiste.

4. Disfruta de la sensación evocada y déjate llevar por ella. Es importante que la sientas con fuerza. En este momento, estás buscando un anclaje para ese sentimiento. ¿A qué eres más sensible y qué anclaje te funciona mejor? ¿Quizás un olor o una canción? Los movimientos, los sonidos o las imágenes representan otras posibilidades, pero es fundamental que no confundas tus anclajes entre sí. Por eso, elige uno que no uses todavía y así evitar un caos mental.

5. Ahora nos encontramos en la fase más interesante: activa el anclaje recién creado. ¿Qué te parece? ¿Sientes la sensación deseada? Si no es así, debes repetir los pasos anteriores un par de veces más hasta que funcione. En principio, es fácil introducir un anclaje nuevo y luego activarlo. Tal vez solo necesitas un poco más de paciencia e imaginar la situación y la sensación con más detalles. En el futuro, podrás activar el anclaje cuando desees.

Un ejemplo práctico:

Nuestra persona del ejemplo, Martin, tiene una serie de anclajes, como cualquier persona normal. Pero también hay sensaciones que son útiles en la vida diaria y no son tan fáciles de generar. Hace unos tres años, Martin pesaba casi 15 kilos menos que hoy. Gozar de buena salud es indispensable y, como es lógico, la confianza en sí mismo también se ve afectada. Pero es muy difícil dejar de comer y hacer más deporte. ¿Dónde quedaba la maravillosa sensación de ligereza y bienestar que hacía que la frustración fuera completamente innecesaria? ¡Es el ejemplo perfecto para crear un anclaje nuevo y evocar una sensación positiva en cualquier momento! Después de eso, me pregunto si las patatas fritas y la cerveza seguirían siendo tan tentadoras.

Veamos el proceso explicado paso a paso:

1. Martín evoca la sensación de ligereza que siempre ha sentido en su cuerpo cuando estaba más delgado. Se trata de una fuerte sensación positiva que lo ha animado literalmente.

2. ¿Cuándo fue esa sensación tan intensa y agradable? Martin recuerda una fiesta con su amigo donde conoció a una gran mujer que coqueteó con él y lo felicitó por su aspecto. La sensación de ligereza en la fiesta fue muy fuerte y se le quedó grabada en la memoria. Martin revive la sensación y toda la situación con claridad. ¿Cómo era la sala, qué personas estaban presentes y qué música sonaba?

3. Ahora refuerza la sensación a través de esta representación precisa y la recuerda a la perfección.

4. Martin se entrega a la sensación de ligereza y siente que esta fluye a través de su cuerpo. Se siente más ligero en este momento y la sensación positiva es muy fuerte y agradable. Pero Martin necesita todavía un anclaje y se da cuenta de que es sensible a las canciones. Asocia los recuerdos con ciertas canciones y se suele sentir transportado a un lugar y tiempo

completamente diferentes. En efecto, tiene sentido emplear una canción como anclaje. Martin se decide por una canción que se tocó en la fiesta y que tuvo una carga positiva en él. Los primeros compases se convierten en su anclaje y están conectados con enorme fuerza a la sensación de ligereza.

5. Ahora queda la fase de prueba: Martin pone la canción que ha elegido como anclaje ¡y funciona! Porque la sensación de ligereza se presenta al instante y se siente bien. Por lo tanto, ya no será tan fácil recurrir a la comida rápida al sentir frustración por el cuerpo actual. La misión ha tenido éxito y el nuevo anclaje positivo no es incorrecto y encima se puede recuperar con facilidad.

Se debe seleccionar un anclaje adecuado dependiendo de la persona. No tiene que ser una canción o un sonido; una imagen o un olor también son adecuados. En el autocoaching y al establecer los anclajes de forma independiente, no es tan fácil utilizar el tacto para anclar, puesto que haría falta otra persona. Sin embargo, es muy importante fijar el anclaje de manera adecuada. Anclajes como un apretón de manos o un abrazo, por ejemplo, no son apropiados porque se suelen activar en nuestra cultura. Establecer un anclaje así requiere mucha paciencia y es mejor recurrir a desencadenantes menos obvios. Por cierto, no hay límites para la fantasía en cuanto a los sentimientos positivos. Motivación, confianza en uno mismo, concentración, energía, ligereza o felicidad son solo algunas de las opciones. Por esta razón, el método del anclaje es tan popular y se prefiere en el desarrollo de la personalidad.

8. Anclajes para avanzados: anclajes apilados y colapsados

El método explicado anteriormente puede describirse como un anclaje simple. Es una técnica que se puede aplicar fácilmente con un poco de paciencia y práctica. ¿Pero qué ocurre cuando tienes que activar varios recursos en una misma situación? En seminarios, entrevistas de trabajo o en la primera cita, la confianza en sí mismo, un carisma positivo y el optimismo son sensaciones razonables. Sin embargo, no es suficiente con un solo anclaje para ello, por lo que se acude a la tecnología avanzada. En inglés, la técnica es conocida con el nombre de *stacked anchor*. Los anclajes apilados aseguran que puedas acceder no solo a una sensación, sino a varias sensaciones positivas al activar el respectivo anclaje y, para hacerlo, puedes utilizar los pasos anteriores. No obstante, es importante apilar diferentes estados emocionales en un solo anclaje. De esta manera, es posible sentir todas las emociones activando un anclaje. No cabe duda de que se trata de una técnica para avanzados, ya que requiere más paciencia.

Así es como procederías:

1. ¿Qué sensaciones quieres provocar? Ejemplos de ello serían la confianza en sí mismo, la concentración o un carisma positivo.

2. Ahora empezarías a fijar los anclajes de las emociones como se describió anteriormente. Todas las sensaciones deseadas deben incorporarse en un único anclaje.

3. En cualquier caso, elige un anclaje fuerte y utiliza una canción, una secuencia de sonidos, imágenes o un aroma. El anclaje exacto está de nuevo relacionado con la persona.

4. En esta situación, desencadenas todas las sensaciones a través de los anclajes apilados y puedes acceder a todos los recursos a la vez. Por cierto, este planteamiento también es muy popular en los seminarios de PNL.

Activación y reemplazo de anclajes negativos

Los anclajes colapsados mencionados en el capítulo anterior constituyen otra técnica avanzada en PNL. Supongamos que ya no quieres tener un anclaje negativo y utilice un anclaje positivo para ello. Entonces se trata de colapsar o del colapso de un anclaje. Esta técnica puede no resultar tan fácil, aunque con un poco de paciencia también se puede aprender. En este proceso, te liberas eficazmente de anclajes negativos y puedes recuperar recursos de forma selectiva. Puedes ejecutar varios pasos a la vez y así poder liberarte de los bloqueos específicos. En inglés, este anclaje se denomina *Collapsing Anchor*.

Así es como puedes eliminar anclajes negativos:

1. En el primer paso, necesitas un anclaje negativo que desees resolver. Puede ser una reacción a un evento, así como un recuerdo muy fuerte de una experiencia negativa. Recuerda con exactitud cuándo se activó este anclaje y con qué sensación.

2. Para esta técnica necesitas no solo un anclaje, sino dos. Pero este otro anclaje debe estar asociada a una emoción positiva, como puede ser alegría, felicidad o euforia. El anclaje positivo debe ser muy fuerte para que el ejercicio tenga éxito.

3. Ahora la cosa se pone emocionante: en el primer paso, activas el anclaje negativo y luego el positivo.

4. Siempre alterna la activación de los dos anclajes. Las distancias son cada vez más cortas, por lo que es necesario que seas paciente.

5. Ahora se trata de activar el ancla negativa y el ancla positiva al mismo tiempo.

6. ¿Cómo te sientes al respecto y qué es lo que pasa exactamente dentro de ti? Colapsas los anclajes y logras disolver un ancla negativa.

Es bastante normal que esta técnica requiera tiempo y no funcione de inmediato. Después de todo, tiene que funcionar para que los anclajes se colapsen y eso no es posible en un minuto. De este modo, puedes eliminar los anclajes negativos y no tener que volver a lidiar con ellos en el futuro.

9. La línea del tiempo: cómo el pasado y el futuro influyen en el presente

Una técnica popular idónea para el autocoaching es el uso de la línea del tiempo, puesto que ayuda a reconocer sus propios recursos. Pero la línea del tiempo se puede aprovechar mucho más y también enseña algunos elementos interesantes. Se trata del sentido del tiempo. ¿Alguna vez has notado que el tiempo es diferente para todos? Por supuesto, está el tiempo medible. Nuestros relojes indican segundos, minutos, horas y días, pero el hecho de que un día tenga 24 horas no significa que todos los días sean iguales. Para algunos, el día pasa volando y, para otros, dura una semana. ¿Por qué sucede eso? El tiempo es subjetivo y lo sentimos tal y como percibimos los olores, los sabores, las imágenes o la música. Cada uno siente las cosas de manera distinta porque la percepción está relacionada con los cinco sentidos.

Básicamente, la percepción del tiempo está ligada a las cosas que se experimentan en él. Vamos a seguir con nuestro ejemplo de Martin: Martin se ha tomado un mes de descanso y está de camino a Sudamérica. Un día, sube a un volcán y conoce a mucha gente, disfruta de los descansos, saca fotos inolvidables y tiene que hacer mucho esfuerzo mientras camina. Ese día le parece muy largo y también lo almacena en la memoria de una manera completamente diferente a lo que sería el caso de un día clásico en la oficina. Su día de trabajo es tan duro como masticar chicle y se le suele ir volando, sobre todo si no tiene ningún plan para la noche excepto ver una película. Por lo tanto, el tiempo que se siente de forma personal siempre está vinculado a las experiencias de ese período.

Una distorsión del tiempo en una duración determinada o la sensación de que es muy corto están muy influenciadas por varios factores como pueden ser los siguientes:

- monotonía o variedad de actividades;

- la cantidad de eventos o la cantidad de información recibida;

- la naturaleza de la experiencia si los eventos son agradables o menos agradables;

- el nivel de actividad en el tiempo;

- flujo. Se refiere a la condición del trabajo o del deporte que nos permite trabajar juntos en una actividad. El flujo distorsiona mucho la percepción del tiempo.

Pero al pensar en la línea del tiempo, este no solo se corresponde con un sentimiento subjetivo. Más bien, tendemos a almacenar nuestras experiencias de una forma cronológica o en una línea del tiempo, algo perfectamente normal, de modo que los recuerdos se suelen guardar en una especie de línea o en forma de cadena. Casi antes de la experiencia C pasa la experiencia B y, antes de esta, la experiencia A. No todas las cosas se almacenan de la misma manera, de forma que los largos días de trabajo casi desaparecen de la memoria en algún momento, lo que suele hacerse inconscientemente, pero es importante ser consciente de este proceso. ¡Por cierto, no solo las cosas pasadas se guardan en la línea del tiempo! Los eventos futuros y planificados también forman parte de esta cadena e igualmente del ser humano.

La terapia de la línea del tiempo se ha utilizado en la PNL desde la década de 1970. Existen varias opciones para llevar a cabo el proceso. Dado que, según muchos expertos, somos la suma de nuestros recuerdos en la vida, tiene sentido partir desde aquí. En definitiva, todas las experiencias del presente y del futuro se componen de acuerdo con este supuesto de lo que hemos experimentado. Una persona que sufre un accidente en la montaña experimentará una caminata diferente a otra que puede hacer largas excursiones sin ningún problema. Después de todo, el miedo también encuentra su clave en las experiencias y no siempre lo tenemos en cuenta. Además, hay que remarcar que hay una parte consciente de la personalidad junto a una parte inconsciente, y el subconsciente también tiene mucho que decir y también define a una persona. Como supuesto básico, por ejemplo, es importante reconocer que un hombre criado en la clase media alta de Alemania tiene experiencias e ideas muy distintas a las de una persona de un país del tercer mundo. Una mujer de origen más pobre de Marruecos o de México tiene una visión muy diferente de las cosas, y todo esto se explica no solo por las diferencias culturales, sino también por las experiencias. Por eso, la línea del tiempo y los ejercicios correspondientes son tan fascinantes que pueden tener un gran impacto.

Este ejercicio consiste en caminar o flotar sobre una línea del tiempo imaginaria. De esta manera, los miedos y los sentimientos opresivos se pueden resolver. En el autocoaching, este enfoque no es apto para personas que tienen problemas psicológicos graves. Si ese es el caso, la terapia de la línea del tiempo también es posible, pero solo debe ser aplicarse bajo la supervisión de un terapeuta. La manera más fácil es imaginar los eventos individuales en una cadena o un collar de perlas. La última experiencia o el último acontecimiento se basan en otras experiencias del collar. Pero más fácil puede resultar imaginar el presente, el pasado o el futuro como un vehículo.

Por ejemplo, estás dentro de un coche en una carretera: todo lo que está detrás de ti es el pasado, el camino delante de ti es el futuro y la ubicación actual es tu presente. Para algunas personas es sencillo visualizarlo, mientas que otras tienen más dificultades para hacerlo. Intenta imaginarte este coche o piensa que las experiencias de tu vida están alineadas en un collar de perlas. De nuevo, podemos afirmar que la idea más fácil también depende del tipo de persona y, por este motivo, no siempre es posible hablar de una opción perfecta.

Puedes aplicar el ejercicio, si:

- a veces sientes fuertes sentimientos negativos como miedo, ira o celos;

- sueles sentir que estás atrapado en una sensación y no te la puedes quitar de encima ni reaccionar de otra manera;

- tus sensaciones te impiden ciertas situaciones;

- notas que estos sentimientos tienen un impacto negativo en las amistades, las relaciones o el éxito profesional;

- en ciertas situaciones reaccionas de manera muy impulsiva y, por lo general, explotas;

- no puedes perdonar a algunas personas por sus acciones y estos sentimientos te agobian;

- el pasado te influye tanto en las experiencias del presente que te dificulta la interacción social. Puede que por ello no tengas relaciones más largas;

- en algunos aspectos, muestras una neurosis total. Por ejemplo, el pánico a la suciedad o a las habitaciones pequeñas.

Metodología para el ejercicio de la línea del tiempo:

1. En primer lugar, busca una sensación que te agobie. Puede ser ira, miedo, vergüenza o incluso celos y tener lugar en determinadas situaciones, causando luego un gran agobio . Piensa cuándo se da con más fuerza y en qué situaciones es menos fuerte.

2. Ahora pasas a recordar una experiencia en la que sentiste esa sensación con mucha intensidad. ¿Cuándo fue exactamente? ¿Qué pasó en esa situación? ¿Qué reacciones físicas sientes y con qué intensidad? Por ejemplo, podría ser una sensación de nudo en el estómago o en la garganta.

3. Ahora llegamos a tu línea del tiempo personal. Imagina el tiempo como si fuera una calle o un río. ¿Dónde está exactamente el pasado y dónde está el futuro? La pregunta puede sonar banal, pero no todos tienen la misma idea espacial. ¿El pasado está a tu derecha o a tu izquierda? ¿O detrás de ti? Percibe esta línea del tiempo de forma exacta y figurativa.

4. Ahora piensa que flotas sobre esta línea del tiempo. Debes ser capaz de flotar a gran altura y apenas divisar el camino. Imagínate los eventos individuales del pasado en forma de perlas o cajas ubicadas en esta línea.

5. Ahora vuelve a la línea y sigue tus emociones. ¿Cuándo fue la primera vez que sentiste esa sensación? ¿Antes o después del nacimiento? Intenta determinar el momento en que tu subconsciente ha guardado esta experiencia.

6. Reconoce la vivencia que desencadenó tus sensaciones. Ahora concéntrate en un efecto de aprendizaje positivo. Cada experiencia ofrece un efecto de aprendizaje y este debería ser positivo. Recuerde este efecto de aprendizaje conscientemente.

7. Ahora vas un poco más atrás en tu línea del tiempo personal hasta un punto anterior a esta experiencia. Todo estaba bien en ese momento y ni siquiera sabías lo que se avecinaba. Las sensaciones negativas llegan en el futuro. Mira este futuro y escúchate a ti mismo. Es muy importante dejar ir las emociones en este momento. En muchos casos, puede que no funcione desde el principio, así que suelta las sensaciones poco a poco.

8. El objetivo es tratar la situación de forma neutral, lo que también significa que ya no vas notar ninguna reacción física con respecto a la situación original. Con un poco de práctica, puedes soltar sensaciones negativas y deshacer bloqueos.

9. Solo después de que hayas dejado ir las sensaciones, vuelves a flotar en el presente.

Lo **más difícil de** este ejercicio para la mayoría de las personas es **soltar las sensaciones**. El regreso al origen de los sentimientos negativos o bloqueos no suele ser difícil, aunque, en cualquier caso, este no es el problema principal. En la terapia de la línea del tiempo es muy importante que se utilicen los efectos positivos del aprendizaje. Solo cuando la mente subconsciente está bastante cargada de estos efectos de aprendizaje se logra liberar los sentimientos negativos. Imagina que las sensaciones se van y así desaparecen. Cuanto más vívida sea la representación, mejor funcionará el objetivo de soltar. Un buen ejercicio complementario también es comprobar si el procedimiento ha tenido éxito. Repite los primeros pasos y vuelve a la experiencia en tu línea del tiempo. ¿Qué desencadena ahora esta experiencia en ti? Si has hecho el ejercicio correctamente, ya no deberías sentir ningún sentimiento negativo. ¿Sigues experimentando ira, miedo o alguna otra sensación negativa? En ese caso, debes repetir el ejercicio las veces que sean precisas. Poco a poco, la situación desencadenante irá mejorando.

Un ejemplo práctico:

Sigamos con nuestro ejemplo: Martin. Martin tiene un gran problema con los celos y le suele resultar difícil aceptarlos. Se trata de un sentimiento no innato y, por lo tanto, es un buen ejemplo, aunque sería similar a la ira o al miedo. No nacemos con ellos, pero las experiencias a lo largo del tiempo garantizan que se adopten estos sentimientos en ciertos momentos, lo que también dificulta su aceptación. Martin es celoso y por eso ha tenido muchos problemas en su última relación, que no acabó por ese motivo pero sí contribuyó a una mala convivencia. Martin se imagina su línea del tiempo personal. Para él, el pasado está a su izquierda y el futuro a su derecha.

Su metodología del ejercicio:

1. Martin se imagina la sensación de los celos y una situación en la que la vivió con gran intensidad.

2. Esta última situación también le genera reacciones físicas. El corazón late más rápido por la ira y Martin siente un nudo en la garganta. Además, experimenta ira y miedo en su estómago al recordarla, es decir, el recuerdo lo nota físicamente.

3. Martin visualiza su línea del tiempo personal como una calle. Aquí se encuentran las experiencias y los eventos en forma de cajas cerradas.

4. Ahora Martin flota mentalmente muy por encima de la carretera. Las cajas adquieren el tamaño de guijarros y la carretera solo puede vislumbrarse como una raya del paisaje. Puede que las cajas aún brillen un poco y que el último evento esté resaltado. Ya que la idea es diferentes para todos.

5. Ahora Martin vuelve a la calle para recordar la causa real de los sentimientos. Se basa en sus sentimientos y en su subconsciente por completo, ya que este sabe exactamente dónde se puede encontrar la causa.

6. Ahora llega la pregunta importante sobre el tiempo: ¿fue antes o después del nacimiento? Aunque suene esotérico realmente funciona. Incluso en el útero, ya se perciben determinadas cosas mucha fuerza y se pueden recuperar. Martin sabe de inmediato que la causa de los celos ocurrió después del nacimiento y llega más lejos: la sensación se debe a una experiencia que tuvo a los cuatro años.

7. Martín recuerda: cuando tenía cuatro años, nació su hermano. El sentimiento fuerte se remonta a los primeros meses de vida de su hermano, quien estuvo muy enfermo y requería

mucha atención por parte de sus padres.

8. Al darse cuenta del suceso, Martin percibe su sensación y trata de cargar su subconsciente con una experiencia positiva. No olvidemos que de cada acontecimiento siempre podemos obtener una experiencia de aprendizaje positivo, aunque a veces solo sea el hecho de que has sobrevivido y te has vuelto más fuerte. Martin se da cuenta de que el amor de sus padres y especialmente el de su madre no había disminuido en absoluto. Era solo su percepción porque su hermano necesitaba mucha atención en ese momento.

9. Ahora, Martin retrocede un poco más atrás de esta experiencia en su línea del tiempo y flota hasta el momento en que todo estaba bien y la sensación de los celos le era desconocida o al menos no la conocía hasta ese punto. Entonces Martin mira hacia el futuro y deja ir los sentimientos negativos y, en este momento, la sensación de los celos con todos los efectos secundarios físicos ha desaparecido. Esta fase es menos sorprendente, puesto que aún no se había producido la drástica experiencia.

10. La sensación es ahora neutra y Martin flota de nuevo en el presente. Las sensaciones de tensión y las reacciones físicas han desaparecido. Martin ya no siente celos porque ha eliminado los sentimientos negativos de la causa. Algunas personas tardan más tiempo y tienen que soltar los sentimientos negativos poco a poco. Al final, la sensación debe neutralizarse porque el subconsciente se ha cargado positivamente.

Para la realización del ejercicio se necesita un poco de paciencia, una sensación fuerte y desagradable y la voluntad de sumergirse en emociones negativas. El ejercicio de la línea del tiempo no es agradable y bonito, pero puede resolver bloqueos y miedos. Necesitarás un poco de imaginación para poder llevar a cabo el ejercicio. ¿Qué sensaciones tienes tú? ¿Qué es lo que te deprime o te agobia una y otra vez? Este tipo de sensación está presente en la mayoría de las personas y este es un buen punto de partida para el ejercicio. Utilízalo solo si deseas influir en tus sentimientos y reaccionar de otra manera en el futuro. Con total seguridad, será necesario que realices el ejercicio de autocoaching más de una vez para lograr resultados realmente visibles.

10. El ejercicio de la línea del tiempo es muy difícil, ¿pero por qué?

El ejercicio de la línea del tiempo representa un asunto bastante profundo. Además, cada persona tiene uno o dos sentidos preferidos en lo relativo a las percepciones. De acuerdo con esto, visualizar la línea del tiempo no es tarea fácil para todos, y para algunos puede ser un verdadero desafío completar este ejercicio. De ahí que haya algunos aspectos que deban considerarse en la técnica de la línea del tiempo. Para obtener resultados muy buenos, debes tener en cuenta lo siguiente:

- haz siempre el ejercicio en una habitación tranquila donde nadie te interrumpa;

- algunas veces, puede darse una resistencia interna muy intensa durante el ejercicio de la línea del tiempo. Debes respetarla y no tocarla durante el autocoaching. Suele deberse a un trauma y el cuerpo utiliza estas resistencias como protección. Además, es un mecanismo útil y puede ser muy doloroso si vas en su contra.

- Vete siempre paso a paso. La línea del tiempo debe visualizarse primero por completo antes de poder procesar las experiencias y sensaciones. Es importante que no mezcles estas dos partes porque solo así se consiguen realmente buenos resultados.

- Dado que existen diferentes tipos de percepciones, conviene imaginar la línea del tiempo con mucha precisión. Asegúrate de que no sea demasiado oscura o que esté borrosa, y no te concentres en sonidos ni formas. Con suficiente concentración, cada uno puede visualizar una línea del tiempo con su ojo interior.

- Practica con regularidad la visualización interior de diferentes elementos. Estas imágenes internas son siempre muy importantes en los ejercicios de la PNL y, con un poco de práctica, mejorarás cada vez más a la hora de aplicarlas correctamente. Así también resultará más fácil conseguir los resultados correspondientes.

10.1 El presente, el pasado y el futuro tienen repercusiones

Finalmente, hay otro punto interesante relacionado con la técnica de la línea del tiempo. Porque no solo el presente y el pasado mencionados hasta ahora influyen en ti y en tus reacciones: el futuro también tiene su espacio en la línea del tiempo. ¿Puede que alguna vez hayas pensado tan intensamente en el futuro que estas preocupaciones y emociones hayan influido mucho en tu comportamiento en el presente? De esto trata exactamente el aspecto del futuro en la línea del tiempo. El ejercicio de resolver el pasado no solo funciona de esa manera en la línea de tiempo. Flotar en el futuro y eliminar los miedos también es posible. Este procedimiento siempre se recomienda cuando determinadas situaciones en el futuro desencadenan sensaciones negativas. Solo podrás utilizar plenamente tus recursos y obtener los mejores resultados en el presente si no estás bloqueado por el futuro.

10.2 Las voces en mi cabeza

¿Te suena esa voz desagradable y siempre muy crítica en tu cabeza? Si la respuesta es no, es probable que tengas mucha confianza en ti mismo o que simplemente no tengas dudas. Lo normal, sin embargo, es tener esta voz en la cabeza en ciertas situaciones y no suele ser muy amable. Independientemente de que la voz te diga «¡Eres idiota!», «¡No puedes hacer nada!» o «¡Vaya pinta que llevas!», no te hace feliz. Pero puedes quitarle el poder a tu voz interior crítica y reducir mucho las repercusiones negativas. Este es el efecto de esta técnica que se ha vuelto muy popular en la PNL.

Se trata de una práctica adecuada para ti:

- si sueles escuchar voces críticas en tu interior;

- si estás lleno de dudas;

- si tus voces interiores y tus dudas te bloquean;

- si no confías mucho en ti y quedas paralizado una y otra vez;

- si no puedes sacarte de la cabeza fácilmente las frases negativas de otras personas.

Toma el poder de la voz interior:

1. En el primer paso, te imaginas exactamente la voz que te molesta una y otra vez. Después se trata de cambiar conscientemente esa voz y quitarle el poder. ¿Qué voz oyes una y otra vez? Tal vez sea la tuya, la de tu suegra o la de tu jefe. Todas las voces son diferentes para cada uno, pero todas tienen una cosa en común: te bloquean y te desestabilizan. Imagina la voz con la mayor precisión posible: ¿qué dice y cómo es el sonido?

2. En tus pensamientos, debes cambiar el sonido de la voz imaginaria. Definitivamente, es más divertido y útil imaginar la voz con el sonido de Mickey Mouse, o del pato Donald o de cualquier otro personaje de dibujos animados. ¿O qué pasaría si la voz del jefe de repente sonara infantil, como una voz quebrada o como la excéntrica mujer fuera sí? Tu imaginación no tiene límites. ¿Funciona y la voz pierde su efecto con el sonido chirriante de Mickey Mouse?

3. Aceptar el poder de la voz con un sonido diferente no siempre funciona, así que otra muy buena opción es cambiar la velocidad de habla. Reduce la velocidad de la voz en tu imaginación, como cuando un disco se reproduce cada vez

más despacio. O prueba a acelerar la voz de modo que casi se quiebre y apenas se entienda. ¿Cómo la notas? ¿Tiene la voz el mismo poder sobre ti que el que tenía antes?

4. Otra opción consiste en cambiar la dirección de la voz. Imagina que la voz viene de arriba como del cielo, de abajo o de atrás. ¿Existe una dirección en la que percibes la voz con menos intensidad? La voz apagada como si proviniera del subsuelo puede tener un efecto menor que la voz que te habla de frente. Por eso, también es importante probar las diferentes opciones y encontrar la mejor.

5. ¿Qué es lo que funciona mejor en tu caso? ¿Voces o el habla en sí, la velocidad o la dirección? Cada ser humano es distinto y, por lo tanto, necesita soluciones apropiadas para que la voz interior pierda poder. Pero seamos honestos: la voz del siempre enfadado y crítico jefe suena menos amenazadora en el interior que la de Mickey Mouse, ¿no es así?

Apagar las voces en la práctica:

Nuestra persona de ejemplo, Martin, tiene un trabajo que no le gusta mucho. Pero esto no se debe solo a la falta de libertad y al propio trabajo. Otro gran problema es su jefe irascible, que probablemente nunca haya oído hablar de la gestión del personal o de la empatía. Incluso después del trabajo y algunas veces en una reunión, Martin piensa que todavía puede escuchar la voz del jefe, que lo llama fracasado, incompetente o tonto. Es por eso que el objetivo de Martin ahora es ir en contra del poder de las voces internas y lleva a cabo el ejercicio mencionado anteriormente.

Así es como Martin procede:

1. En primer lugar, se imagina la voz de su jefe enfadado que dice: «¡Es usted un completo incompetente¡». Martin se siente mal, la voz en su cabeza tiene mucho poder sobre él y produce fuertes dudas sobre sí mismo.

2. Ahora cambia el sonido de la voz e imagina las palabras en boca de Mickey Mouse. La representación funciona bastante bien y asegura que la voz ya no parezca tan fuerte.

3. Pero Martin va un paso más allá: la voz de Mickey Mouse se ralentiza en su cabeza y distorsiona aún más el sonido. Ahora la voz ya no suena como la del jefe enfurecido. Realiza esta representación varias veces hasta que es muy fácil imaginar la voz como una voz cómica chirriante y distorsionada.

4. Ahora Martin no debe empezar a reírse cuando su jefe lo insulte o critique en el futuro porque la idea de la voz cómica chirriante puede ser bastante intensa.

11. Resolver eficazmente los miedos y las fobias: la cura rápida de la fobia

Al igual que el anclaje o la línea del tiempo, la cura rápida de la fobia es una de las técnicas clásicas de la PNL. Los miedos y las fobias están presentes en todos los seres humanos, a menos que una persona haya estado trabajando intensamente en el desarrollo de la personalidad durante mucho tiempo. ¿Qué es lo que te pasa a ti? ¿Qué es lo que te asusta? ¿Tal vez tienes incluso una fobia que te ha hecho la vida más difícil en más de una ocasión? El miedo a fallar, el miedo a estar solo o el verdadero pánico cuando se trata de alturas, ascensores, espacios estrechos, oscuridad o arañas. Los miedos pueden presentarse en muchas áreas y causar una sensación de parálisis. Por eso es tan importante resolver estos miedos y fobias en la medida de lo posible y vivir la vida con mayor libertad. La técnica recuerda un poco a los anclajes que se colapsan y te hace perder el miedo. Sin embargo, también es una técnica bastante avanzada y nada que los principiantes en la PNL puedan lograr directamente. Sé paciente y, sobre todo, entrena tu imaginación.

Este ejercicio te conviene si:

- sientes miedo en ciertas situaciones y quieres eliminarlos;

- las fobias te suelen dificultar la vida;

- a veces te siente paralizado o asustado;

- quieres ser más libre y acceder a tus recursos sin bloqueos.

Luchar contra los miedos y las fobias paso a paso:

1. Imagínate una sala de cine que está vacía. Siéntate mentalmente y mira hacia la pantalla.

2. Ahora recuerdas con claridad una imagen que estaba todavía antes de la situación que desencadenó tu miedo. Se supone que es una imagen de la pantalla grande donde todo estaba bien y era seguro.

3. Al igual que en el ejercicio de la línea del tiempo, ahora flotarás por encima de la sala del cine y te verás a ti mismo desde arriba. Deberías verte desde fuera como un espectador que está mirando la pantalla.

4. Ahora asegúrate de que las imágenes de la pantalla pierdan su color y se muestren como en

una película en blanco y negro. Mantienes la vista desde arriba en tu persona y ahora dejas que se muestre la aterradora imagen: ¿quizás de una araña gigante, de una serpiente o de una habitación muy oscura y estrecha? Deja que estas imágenes transcurran hasta que la situación angustiante desaparezca.

5. Ahora, vuelve a sumergirte en tu propia persona en la sala y apégate a la imagen cuando la situación alarmante se haya ido.

6. En este momento, puedes volver a activar los colores en tu imaginación y rebobinar la película con gran rapidez. Llega a la situación que tuvo lugar antes de la situación aterradora.

7. Asegúrate de que la pantalla se vuelva blanca o borrosa en tus pensamientos.

8. Repite los pasos anteriores varias veces y cada vez más rápido.

9. Ahora reproduce la película una y otra vez y asegúrate de que se reproduzca muy rápido. De este modo, serás capaz de neutralizar la situación de miedo.

10. Con suficiente práctica y la representación de la sala del cine, perderás gradualmente tu miedo o fobia.

Puesta en práctica

Martin no solo tenía miedo de su jefe irascible. Existen muchas más fobias y otros miedos, por lo que hay que resolverlos paso a paso. A Martin le agobia especialmente la fobia a las arañas, como le pasó hace poco en el baño con un compañero de piso de ocho patas. Por lo tanto, la eliminación del miedo a las arañas está en primer plano y, en cualquier caso, no es fácil. Después de todo, la fobia está bastante acentuada y no solo recientemente.

1. Martin se imagina la escena anteriormente explicada de la sala del cine. Se ve a sí mismo en su cine favorito, sentado muy atrás con una visión clara de la gran pantalla.

2. Poco antes de ver a la araña en el baño, estaba en la sala de estar viendo una película y disfrutando de una cerveza. Así que todo estaba bien. Se concentra mucho en esta imagen y la proyecta en su mente en la pantalla de cine.

3. Gracias a la técnica de la línea del tiempo, Martin sabe exactamente cómo se imagina flotar por encima de una situación o, en este caso, de una persona. Eso es justo lo que está haciendo ahora, flotando en su pensamiento sobre su yo

sentado. Al mismo tiempo, apaga los colores y se asegura de que la imagen proyectada solo sea visible en blanco y negro.

4. En esta vista desde arriba, mira la pantalla y avanza la historia hasta la desagradable confrontación. La araña con todas sus patas peludas aparece claramente visible en la pantalla del cine. Pero Martin mira la imagen desde arriba y no de frente y esta ha perdido potencia por la falta de color, con lo que ya no parece tan espantosa.

5. En este punto, la película continúa en la gran pantalla hasta el momento en que su compañero de piso atrapa la araña, la retira y luego desaparece. Entonces todo vuelve a estar bien.

6. Este buen final después de la aterradora situación deja a Martin ahora en la pantalla y se adentra de nuevo en su yo. Luego deja que la escena se rebobine rápidamente hasta el momento del sofá con la cerveza y la película.

7. En su mente, lo hace todo en blanco y repite los pasos anteriores una y otra vez. El miedo a las arañas es cada vez un poco menor. Luego vuelve a avanzar y rebobinar la película rápido.

8. El ejercicio se ha conseguido y, aunque la fobia a las arañas no está del todo vencida todavía, los animales parecen mucho más inofensivos. Con un poco más de práctica, Martin se las arregla en pocas semanas para no tener más miedo. Todavía no se ha encontrado una tarántula, pero puede resultarle más fácil en el futuro.

En realidad, la técnica presentada es muy adecuada para reducir los miedos y las fobias. Pero debes ser consciente de que tienes que enfrentarte a tus temores para realizar este ejercicio, lo que al principio exige la superación y entonces puede que no sea tan simple. También depende siempre de la fuerza del miedo, de lo difícil que es reducirlo o incluso hacerlo desaparecer. En cualquier caso, la práctica regular y la voluntad de lograr este cambio son útiles. Después de todo, no tiene sentido aferrarse a los propios miedos. En este punto, también es importante darse cuenta de que las imágenes interiores determinan fuertemente nuestros sentimientos. Asimismo, fijan nuestros miedos y pueden cambiar cuando se modifican las imágenes internas subyacentes. Esto es justo lo que necesitas conseguir mediante la técnica y la práctica.

12. El círculo mágico: resuelve miedos y problemas

Otra técnica popular en la PNL es el círculo mágico, que se emplea para resolver miedos y problemas. El círculo mágico consiste en un círculo en el piso que te imaginas. Dentro del círculo hay un campo de fuerza que te apoya y te ayuda con el problema. Por lo tanto, la técnica recuerda mucho al anclaje, pero se lleva a cabo desde una motivación diferente. Dentro del círculo está tu anclaje y activas la motivación y la confianza en ti mismo. Esto te ayudará a resolver problemas y superar miedos.

Este ejercicio es perfecto para ti, si:

- estás buscando ayuda para vencer miedos y resolver problemas;

- necesitas un breve descanso y recargar las energías con sensaciones positivas en momentos difíciles;

- deseas acceder a tus recursos ocultos para hacer frente a los problemas;

- te gustaría conocerte mejor y posibilitar que se manifiesten sensaciones positivas.

A por el poderoso círculo mágico paso a paso:

1. Sitúate o siéntate en una habitación tranquila con una superficie libre frente a ti en el suelo. Visualiza un círculo frente a ti en el suelo.

2. Ahora debes formar tu círculo apropiadamente en la imaginación. Al final, el círculo debe representar un lugar lleno de confianza en ti mismo, paz y energía positiva. ¿Cómo te imaginas ese círculo? Piensa en colores, un borde y un posible color de relleno. Los detalles exactos siempre dependen de cada uno, ya que la seguridad y la confianza se asocian con diferentes colores o formas.

3. Al igual que en el anclaje, ahora se trata de imaginar una situación en la que te sientes especialmente seguro de ti mismo. Confía en tus habilidades, en la energía positiva y en la certeza de que todos los problemas se pueden resolver: estas son las cosas que debes recordar en este momento. Piensa en la situación positiva con mucha intensidad.

4. ¿El sentimiento positivo es ahora muy fuerte? ¡Perfecto! Entonces puedes dar un paso más y entrar en tu círculo mágico. Déjate colmar de sensaciones.

5. Desde que te des cuenta de que tu sensación se está debilitando, deja el círculo imaginario.

6. Ahora viene una nueva técnica que es popular en la PNL: el separador. Esto significa que simplemente te distraes por un momento y te involucras en algo muy diferente, lo que te llevará pronto a un estado neutro.

7. Espera uno o dos minutos y luego vuelve a entrar en el círculo mágico. En el mejor de los casos, las sensaciones positivas se sienten al entrar en el círculo. Si ese no es el caso, no te desesperes. Repite los pasos anteriores varias veces hasta que sientas la sensación al entrar en el círculo.

8. El círculo mágico es ahora un anclaje en el que hay emociones positivas. ¿Estás asustado o muy inseguro acerca de un problema? Imagina tu círculo mágico recién creado y entra. Gracias a las sensaciones positivas en el interior, el miedo se reduce y un problema ya no parece tan difícil de solucionar.

Un ejemplo práctico del círculo:

De vez en cuando en el trabajo de Martin, al igual que en su vida privada, hay situaciones que desencadenan temores. O sencillamente hay problemas que parecen enormes y difíciles de resolver a primera vista. Con el círculo mágico, Martin va mentalmente a un lugar seguro y positivo que ayuda mucho a superar los problemas. Así es como procede en la creación:

1. Se imagina un círculo mágico y lo pinta por dentro. En la representación de Martin, el círculo recuerda a uno de los círculos mágicos de piedra que se encuentran en tantos lugares de Escocia. Poderosas piedras erosionadas están ligeramente torcidas alrededor de un círculo, en cuyo centro crecen frondosas hierbas verdes y algunas flores silvestres. Su idea es muy viva.

2. Ahora Martin se imagina las sensaciones positivas de confianza en sí mismo, fuerza interior y energía positiva que sintió durante su última negociación salarial. Fortalece la sensación y deja que estas emociones positivas fluyan a través de todo el cuerpo.

3. Los sentimientos son muy fuertes y, justo en ese momento, entra en su círculo mágico personal de piedras.

4. Ahora sale y se distrae brevemente con los pen-
    samientos en otra cosa.

5. El ejercicio no ha funcionado de inmediato, lo
    que es completamente normal. Después de re-
    presentar el escenario por cuarta vez, Martin
    siente las emociones positivas dentro del
    círculo mágico.

6. Con los miedos y problemas existentes, ahora
    entra en su círculo mágico imaginario y se for-
    talece con las sensaciones ancladas allí.

13. Reflejar y dirigir: adaptación a nuestros interlocutores

En repetidas ocasiones, la PNL habla de *Pacing* (reflejar) and *Leading* (dirigir). Se trata de una técnica que beneficia a los vendedores en particular y es útil en la comunicación. Es probable que hayas visto a vendedores que se comportan un poco como camaleones y que reiteradamente se adaptan a las personas con las que hablan, ¿no es así? Sin embargo, no es solo una cuestión de adaptación al interlocutor, sino también una técnica muy conocida en la PNL que se conoce con el nombre de reflejar y dirigir. Se trata de adaptar tu lenguaje corporal al interlocutor. Originalmente, los términos se conocían como sumisión y dominación, pero estos no se corresponden del todo con el significado que aquí se le da. Se trata más bien de alinear y guiar. A través de la alineación, podrás comunicarte mejor con tus interlocutores y también será mucho más fácil integrarte en un grupo. ¿Pero cuándo te beneficia realmente la técnica?

Emplea «reflejar y dirigir», si:

- deseas persuadir a tu interlocutor para que

realice determinadas acciones como, por ejemplo, una compra;

- quieres obtener información importante sobre ti y sobre tus propias acciones;

- desea que sea más fácil tu integración en nuevos grupos o en un entorno extranjero;

- quieres llegar a la persona con la que estás hablando y transmitirle exactamente esa impresión;

- te interesa la buena comunicación y quieres tener éxito de esta manera.

Procedimiento para reflejar y dirigir

1. Encuentra a alguien con quien hablar. Puede ser cualquier persona, aunque no tiene sentido utilizar primero este ejercicio durante una reunión de clientes muy importante.

2. Antes de empezar a dirigir, tienes que llevar a cabo el acto de reflejar. Para ello, tienes que adaptarte por completo a tu interlocutor. Refleja el lenguaje corporal, la expresión facial, la respiración y el ritmo del habla. Repite las últimas cosas con las mismas palabras y usa los

mismos movimientos en este caso. Hay una serie de niveles en los que el hecho de reflejar es factible. Primero concéntrate en todas las acciones que ocurren a nivel no verbal y luego pasa al verbal.

3. Al final, debes reflejar a tu interlocutor y ajustarte a él. En muchos casos, los enamorados y los niños realizan este acto de manera inconsciente y utilizan la táctica con éxito. Esto se debe a que este proceso es bastante normal si se tiene interés en la otra persona.

4. Solo cuando hayas logrado con éxito reflejar por completo a tu interlocutor y cuentes con una buena base para la comunicación, se puede pasar a dirigir. Esto lleva su tiempo y es perfectamente normal, así que tómate necesario para efectuar la técnica.

5. Ahora se trata de dirigir, pero debes tener en cuenta que esto requiere respeto y prudencia. No intentes forzar al interlocutor para que realice algo. Después de todo, es una influencia sutil y no extremadamente fuerte. Comienza en el estado de reflejar a modificar un poco tu lenguaje no verbal: un cambio de postura, un determinado movimiento o una expresión facial

diferente son algunos ejemplos.

6. En este punto, también notarás si has tenido éxito en la acción de reflejar. Solo entonces tu interlocutor adaptará las expresiones faciales y los gestos que se correspondan con los tuyos.

7. Ahora puedes influir y dirigir con facilidad a tu interlocutor, y para ello es importante la compenetración descrita en el apartado anterior. Además, la forma de actuar debe ser delicada y no brusca. Así el interlocutor se sentirá cómodo durante el proceso de dirigir y no se verá influenciado ni manipulado negativamente.

La técnica en la práctica:

Martin se lo pone fácil en este caso y primero observa a los niños en el parque que hay junto a su apartamento. Esto hace que sea mucho más sencillo utilizar la metodología correcta y reconocer el potencial de reflejar y dirigir. En la realización, la técnica es adecuada para el autocoaching, pero siempre requiere una persona diferente. Por supuesto, la otra persona no necesita saber que se está llevando a cabo ese ejercicio. Es más simple observar primero una técnica de este tipo en los demás y luego realizarla uno mismo.

1. Martín se sienta en el banco por la tarde y observa a los niños jugar. De repente, cae en la cuenta de que los niños recién llegados imitan primero a los demás: los mismos movimientos, los mismos juegos y una adaptación a los niños ya presentes en el lugar. Pasado un tiempo, el niño es aceptado en el grupo y se realiza un juego en común. El acto de reflejar puede observarse en todas partes y no parece tan difícil al principio.

2. Martin busca una oportunidad para utilizarlo y esta surge cuando su compañero de piso le invita a sentarse con él a tomar una cerveza y algo de comer. La comunicación entre los dos no siempre es perfecta y a Martin le gustaría decirle a su compañero que podría ayudar un poco más con la limpieza del apartamento, ya que suele ser muy caótico.

3. Así que al principio empieza a reflejar a su interlocutor sin palabras. Imita los gestos y las posturas y se adapta lo más posible al ritmo de la respiración. Luego, se centra en la expresión facial, aunque no es tan fácil porque hay muchos elementos pequeños a considerar. Además, el interlocutor no debe sentirse imitado. Por eso es importante en este momento tener cuidado y tomarnos nuestro tiempo.

4. La adaptación no verbal funcionó pasado un tiempo. Ahora está casi abrumado porque ahora también se añade una aproximación verbal. Por supuesto, no imita todas las palabras, ya que así no conseguiría el efecto deseado. Más bien, repite unas pocas y así representa la compenetración poco a poco.

5. En esta fase, Martin cambia fácilmente sus ges-
    tos y su postura. Su compañero de piso cambia
    los mismos aspectos y refleja a Martin. La fase
    de liderazgo ha comenzado y este comienza a
    dirigir con sutileza la conversación, y lo hace con
    respecto al tema de la limpieza del aparta-
    mento.

6. De hecho, el experimento funciona y el aparta-
    mento estará un poco más ordenado y limpio
    en el futuro. No hay peleas ni problemas des-
    pués, ya que prevalece la sensación de bienes-
    tar claramente.

14. Manipulación: ¿deseable o no?

¿Quizás ya sospechas que el anclaje, al igual que las otras técnicas, no es una herramienta bastante peligrosa? El anclaje se ha hecho famoso, por ejemplo, en sectas como la cienciología. En definitiva, es un ejercicio útil y razonablemente aplicable. Pero la combinación de la causa con el efecto no deseado también sirve para el abuso, por lo que ya es conveniente actuar con un poco de cautela. No en vano el anclaje de sensaciones o de determinadas reacciones es también un tema presente en muchas películas de suspense. Pero, en general, siempre es mejor que estés familiarizado con estas posibilidades y que trabajes con intensidad en ellas. Así es posible la protección frente a este tipo de manipulaciones no deseadas. Por cierto, con mucha frecuencia, los coaches utilizan estos anclajes en seminarios sobre PNL para luego recuperarlos, una herramienta eficaz a la hora de demostrar el impacto de la PNL. Pero eso también debería exigir al menos un poco de precaución al jugar con el subconsciente. De esta manera, colocas anclajes conscientemente y también vuelves a eliminar anclajes no deseados.

Un ejemplo de mi experiencia personal, que no es tan negativo sino solo un poco molesto, cabe mencionar en este punto. Clase de biología, octavo o noveno grado. La profesora les contó a los alumnos una historia sobre un hombre que acosaba a las niñas en un colegio. Un día, el hombre se ahorca bajo el techo porque las chicas lo perseguían de verdad. Estas chicas participaron en la producción de una canción y cantaron el estribillo que incluía la frase *Hol ihn, hol ihn unters Dach* (Atrápenlo, atrápenlo debajo del techo). El hombre de la historia simplemente no pudo soportarlo más y por eso se quitó la vida. La canción de Pink Floyd puede que no esté tanto en la radio como antes, pero cuando se escucha el subconsciente se activa y se puede oír esta estrofa. Este mensaje causó una gran conmoción la primera vez de manera inconsciente. Por supuesto, las palabras no son audibles para nadie, excepto para mí, y toda la canción está en inglés. No hay ninguna palabra en alemán y, de hecho, la frase no está incorporada en el estribillo. Pero no es tan fácil transmitir eso al propio subconsciente. Este ejemplo solo pretende dejar claro que los anclajes se pueden utilizar específicamente con fines de demostración. Deshacerse de ellos no es tan fácil. No importa si se trata de un determinado recuerdo, una sensación o un mensaje: con un anclaje se puede conseguir mucho.

Lo que se aplica al anclaje también es aplicable a las demás técnicas. La PNL ofrece herramientas poderosas y muy efectivas. Puedes liberar tus recursos personales, desarrollarlos y lograr mucho en el contexto de los ejercicios. Menos miedo, menos sensaciones negativas y más motivación en la vida diaria, aspectos en los que se debe hacer hincapié en cualquier caso. Pero es muy importante no perder completamente de vista la otra parte. Por encima de todo, esto significa que debes llevar a cabo la PNL en el autocoaching con discreción. No fuerces tu mente a trabajar en un trauma grave. No le causes problemas a otra persona y no fijes anclajes que puedan originar dificultades *a posteriori*. Justo porque la PNL trae consigo métodos muy poderosos, el camino hacia el autocoaching es de interés. Puedes influenciarte a ti mismo hasta dónde quieras llegar. Por lo tanto, un seminario con un coach debe elegirse con atención y, en el mejor de los casos, que sea una persona conocida y exitosa. De lo contrario, puede haber efectos secundarios menos deseables cuando se viaja hacia el propio interior.

15. Conclusión

En resumen, podemos decir que la PNL no es definitivamente una sola técnica o un único método. La PNL es una colección de métodos y no todas las técnicas son adecuadas para todas las personas. Además, siempre depende de la situación particular qué técnica es útil en ese momento. El hecho de que muchos procesos y comportamientos se controlan de forma inconsciente es bien conocido. Sin embargo, lo más importante de este aspecto es que estos elementos no se fijan de forma inmutable, sino que se pueden cambiar, lo que suele ser posible con las técnicas explicadas de autocoaching. No obstante, las técnicas del autocoaching están diseñadas para problemas generales y comportamientos clásicos. En el caso de problemas psicológicos profundos, es importante consultar a un terapeuta porque no todo se puede tratar por uno mismo. Un poco de cuidado con las propias sensaciones y con el subconsciente es, por tanto, apropiado.

Este libro te ayudará a resolver bloqueos y emociones negativas. Además, las técnicas presentadas son eficaces para restablecer el nuevo anclaje de las sensaciones positivas y acceder a los recursos propios. Como ya dispones de todos los recursos dentro de ti, se trata solo de una liberación o una activación. Este supuesto es parte de los principios de la PNL y es tan importante como los mapas existentes y las intenciones positivas de todas las personas. La PNL se suele enseñar en seminarios por un coach, pero los métodos descritos en este libro te muestran que el autocoaching es igualmente un enfoque muy efectivo. Las imágenes lingüísticas y los anclajes sencillos son sobe todo adecuados para principiantes. Luego, puedes lanzarte a la línea del tiempo y a los anclajes avanzados. De esta manera, desbloquearás tus recursos y conseguirás escapar de conductas y sensaciones perturbadoras y estresantes.

Raul Barrigo

Aviso legal

La obra, incluidos todos sus contenidos, está protegida por derechos de autor. Queda prohibida la reimpresión o reproducción, total o parcial, así como el almacenamiento, procesamiento, reproducción y distribución con la ayuda de sistemas electrónicos, en su totalidad o en parte, sin el permiso por escrito del autor. Todos los derechos de traducción reservados.

El contenido de este libro ha sido investigado en fuentes acreditadas y verificado con sumo cuidado. Sin embargo, el autor no asume ninguna responsabilidad por la actualidad, exactitud e integridad de la información proporcionada.

Se excluyen las reclamaciones de responsabilidad civil contra el autor, que se refieran a daños de naturaleza física, material o ideológica, ocasionados por la utilización o no utilización de la información proporcionada, o bien por el uso de información incorrecta e incompleta, a menos se demuestre falta intencional o negligencia grave por parte del autor. Este libro no sustituye al asesoramiento ni a la asistencia médica o profesional.

www.ingramcontent.com/pod-product-compliance
Lightning Source LLC
La Vergne TN
LVHW020916200726
843506LV00011B/1736